Una guía para padres de familia en el aula Montessori

por
Aline D. Wolf

Traducción al español
por Rosario Toward y Elvira Arnal

A division of Montessori Services
www.montessoriservices.com

Título original: A Parents' Guide to the Montessori Classroom
©Derechos de autora Aline D. Wolf 1975
©Derechos de autora Aline D. Wolf 1980
©Derechos de autora Aline D. Wolf 1995

Edición nueva revisada
©Propiedad de autora Aline D. Wolf 2009
Reimpreso en 2011, 2019

Diseño de Shauna McDonaough
y Holly Weetman

Fotografías: Don Baker, George Foose, Shamim Rajpar,
Holly Weetman, Gerald Wolf

Biblioteca del Congreso Número 2009901305
ISBN # 978-0-939195-41-1

También por Aline D. Wolf
Cómo cultivar el expíritu del niño en un ambiente laico
Un libro central en el que Aline Wolf redirige la atención de los educadores hacia el propósito fundamental del trabajo de Maria Montessori — el desarrollar un mundo más pacífico mediante la educación del espíritu del niño.

Introducción

Este folleto describe en detalle el programa Montessori para niños de tres a seis años de edad. Está diseñado para ayudar a ustedes, los padres de familia, a entender el propósito a largo alcance de la educación Montessori y para proporcionarles una descripción del material que su niño utilizará por el espacio de tres años aproximadamente. Esta información también interesará a las futuras maestras de su niño ya que querrá conocer detalles de la primera experiencia escolar de su niño.

Aunque este folleto se refiere principalmente a los materiales del salón de clases, esto no significa que dichos materiales sean más importantes que la filosofía Montessori que rige el uso de los mismos. La doctora en medicina María Montessori (1870-1952), de nacionalidad italiana y autora de este método, tenía una genialidad muy especial para observar a los niños tal como son en la realidad y no como los adultos desean que sean. Los escritos de la Dra. Montessori sugieren tanto a padres de familia como a maestros, muchas condiciones ventajosas para el desarrollo del niño en su entidad total, desde su nacimiento hasta la madurez. Los materiales del salón de clases son simplemente una implementación de un aspecto de su filosofía total.

La motivación de todos los esfuerzos educativos de María Montessori surgía de su permanente deseo de crear un mundo mejor y un mundo más pacífico mediante la educación del espíritu de cada niño. Esta educación, que es diferente a la enseñanza de una religión en particular, ayuda a que los niños se den cuenta que están llamados a un propósito superior que el mero servicio de si mismos o a la satisfacción propia. Esta educación incluye el tiempo necesario para observar el silencio y la reflexión, para cultivar el temor reverencial y la capacidad de maravillarse, respetar la naturaleza, cuidar el planeta Tierra, comprender y aceptar a los demás y fomentar las virtudes como el amor, el carácter pacífico, la bondad y la compasión.

Para suplementar la descripción de los materiales en este folleto, se sugiere a los padres que lean por lo menos otro de los libros que describen la filosofía Montessori. Cualquiera de los siguientes seria adecuado:

La mente absorbente por María Montessori
El secreto de la infancia por María Montessori
María Montessori, su vida y obra por E.M. Standing
María Montessori, una biografía por Rita Kramer
Educando el espíritu en el aula no sectaria por Aline D. Wolf
Nuevas percepciones en Montessori para padres de niños pequeños por Aline D. Wolf

Indice

Introducción 1
El propósito de la educación Montessori 3
Una vista del salón de clases 7
Los ejercicios de la vida práctica 11
Ejercicios sensoriales 15
Aprendiendo a escribir 30
De la escritura a la lectura 34
Introducción a las matemáticas 38
Las perlas doradas y el material de fracciones 42
Operaciones matemáticas 46
Geografía, gramática y botánica 50
Actividades de grupo y arte 54
El programa para los pequeñitos 57
El programa de primaria 59
Usando Montessori en el hogar 61
¿Qué sucede después de Montessori? 61
El propósito de la educación Montessori 61

El propósito de la educación Montessori

La Dra. Montessori sostenía que ningún ser humano puede ser educado por otra persona. Cada individuo tiene que hacer las cosas por sí mismo porque de otra forma nunca llegará a aprenderlas. Un individuo bien educado continúa aprendiendo después de las horas y años que pasa en un salón de clases porque está motivado interiormente por una curiosidad natural, además del amor por el aprendizaje. Por lo tanto, la Dra. Montessori pensó que la meta de la educación temprana no debe ser llenar al niño con datos académicos previamente seleccionados, sino cultivar su deseo natural de aprender.

Este propósito se alcanza de dos maneras en el aula Montessori: primero, permitiendo que cada niño experimente la alegría de aprender por sí mismo en lugar de ser obligado; y segundo, ayudándolo a perfeccionar todas sus aptitudes naturales para aprender para que así esta habilidad esté presente al máximo en futuras situaciones de aprendizaje. Los materiales Montessori tienen este doble propósito a largo alcance, además de sus propósitos inmediatos de dar información específica al niño.

CÓMO APRENDEN LOS NIÑOS

El uso de los materiales Montessori está basado en la aptitud particular del niño por aprender, aptitud que la Dra. Montessori identificó como "la mente absorbente." En sus escritos, ella comparó con frecuencia la mente de los niños a una esponja. La mente del niño literalmente absorbe la información del medio ambiente. El proceso es particularmente evidente en la manera que un niño de dos años aprende su lengua materna sin ninguna instrucción formal y sin el esfuerzo consciente y tedioso que un adulto debe hacer para dominar un segundo idioma. Adquirir información de esta manera, es una actividad natural y maravillosa para el pequeño ya que usa todos sus sentidos para investigar sus alrededores interesantes.

El niño retiene esta habilidad para aprender hasta casi los siete años. La Dra. Montessori dedujo que sus experiencias podrían enriquecerse en un aula donde tuviese la oportunidad de manipular materiales que le introducen a la inforación educativa básica. Más de cien años de experiencia han comprobado su teoría que un niño pequeño puede aprender a leer, escribir y calcular en la misma manera natural que aprende a caminar y hablar. En el aula Montessori, el material invita al niño a aprender en esta forma durante sus propios períodos de interés y prontitud.

La Dra. Montessori siempre enfatizó que la mano es la principal maestra del niño. Para que el niño pueda aprender, debe haber concentración, y la mejor manera para que el niño se concentre es fijando su atención en el trabajo que efectúa con sus manos. (Un adulto que trabaja sin propósito en varias cosas a la vez, es la consecuencia de la falta de práctica en concentrarse en un trabajo determinado). Todo el equipo de material en el aula Montessori permite al niño reforzar sus impresiones casuales invitándolo a usar sus manos para el aprendizaje actual.

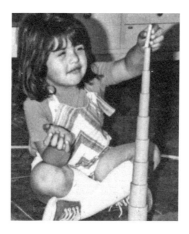

LA IMPORTANCIA DE LOS PRIMEROS AÑOS

En *La mente absorbente*, la Dra. Montessori escribió: "El periodo más importante de la vida no es la edad universitaria, sino la primera edad; esto es, el periodo entre su nacimiento y la edad de los seis años. En este periodo se forma la inteligencia del hombre, su gran atributo. Pero, no solo su inteligencia, sino la totalidad de sus poderes psíquicos... A ninguna otra edad el niño necesita más de una guía inteligente y cualquier obstáculo que impida su trabajo creativo, disminuiría la oportunidad de que éste alcance su perfección."

Estudios psicológicos recientes han confirmado las teorías de la Dra. Montessori. Después de analizar varios de esos estudios, el Dr. Benjamin S. Bloom de la Universidad de Chicago escribió en *Stability and Change in Human Characteristics* (Estabilidad y cambio en las características humanas): "Desde el momento de la concepción hasta la edad de 4 años, el individuo desarrolla un 50% de su inteligencia madura; de los 4 a los 8 años el niño desarrolla otro 30%.... Esto nos da una idea del crecimiento acelerado de la inteligencia en los primeros años de vida y de la posible gran influencia del medio ambiente en este desarrollo."

El Dr. Bloom está de acuerdo con la teoría de la Dra. Montessori quien afirma: "El medio ambiente tendrá un impacto máximo durante el periodo de mayor crecimiento de una característica específica." Citemos un ejemplo muy extremo: una dieta de hambre no afecta la altura de un muchacho de 18 años, pero si podría dañar severamente el crecimiento de un bebé de un año de edad. Considerando que el 80% del desarrollo mental de un niño ocurre antes de que cumpla los 8 años, es innegable la importancia de tener condiciones favorables durante estos primeros años.

LOS PERÍODOS SENSIBLES

Otra observación de la Dra. Montessori que ha sido reforzada por la investigación moderna, es la importancia de los períodos sensibles en el aprendizaje de los primeros años. Los períodos sensibles son períodos de una fascinación intensa por aprender una habilidad o característica particular tal como subir y bajar escaleras, ordenar cosas, contar o leer. Es más fácil para un niño aprender algo durante el periodo sensible correspondiente que en cualquier otro momento de su vida. En Montessori se aprovecha esta oportunidad permitiéndole al niño libertad para escoger individualmente actividades que correspondan a sus propios periodos de interés.

¿A QUÉ EDAD?

Aunque la edad para entrar a la escuela por primera vez varía de escuela a escuela, en la escuela Montessori un niño puede empezar entre los dos y medio y cuatro años, dependiendo cuándo el niño se siente a gusto y contento en una situación escolar. El niño empezará con los ejercicios más simples basados en actividades que todos los niños disfrutan. El material que el niño usa a los 3 ó 4 años le ayudará a desarrollar su concentración y hábitos de trabajo que necesitará para efectuar ejercicios más avanzados a los 5 o 6 años. Todo el programa de aprendizaje de un niño en la escuela Montessori está estructurado con un propósito. Por lo tanto, no se pueden esperar resultados óptimos si un niño pierde los primeros años del ciclo escolar, o si es alejado antes de que termine los materiales básicos ya citados.

Los padres deben entender que una escuela Montessori no es una guardería infantil, ni un jardín de niños que prepara al niño de la manera tradicional; al contrario, es un ciclo único de aprendizaje que está diseñado para aprovechar los años sensibles entre los tres y seis años, cuando éste puede absorber la información de un ambiente enriquecido. Un niño que adquiere las destrezas básicas en la lectura y la aritmética en esta forma natural, tiene la ventaja de empezar su educación sin que sea algo penoso, aburrido o desalentador. Al seguir sus intereses individuales en el aula Montessori, el niño adquiere un temprano entusiasmo por el aprendizaje, lo cual es clave para que se convierta en una persona verdaderamente educada.

Una vista del salón clases

LOS NIÑOS TRABAJANDO

El aula Montessori es sin duda el mundo del niño en concordancia con su tamaño, ritmo e intereses de los niños y niñas entre las edades de tres y seis años. Está diseñada para que se sientan a gusto dándoles libertad en un ambiente preparado con materiales atractivos. Estos materiales están colocados en repisas bajas para facilitar el acceso inclusive a los niños más pequeñitos.

Las mesas y sillas del salón de clase se pueden mover de un lado a otro, permitiendo así que se disponga de ellas según las actividades que se desarrollen. Los niños también trabajan sobre pequeños tapetes en el piso donde se sienten naturalmente a gusto.

Los materiales Montessori en el aula se pueden dividir en tres grupos principales: Los Ejercicios de Vida Práctica, que son con los que comienzan los niños de 3 y 4 años; los Materiales Sensoriales, que pueden ser utilizados por todos los niños en la clase; y los Materiales Académicos, que están disponibles para cuando se despierte en cada niño el interés por la lectura, la aritmética y la geografía.

El papel de la maestra

El aula Montessori no tiene frente ni tampoco un escritorio para la maestra como punto focal de atención porque el estímulo para aprender proviene de todo el medio ambiente. La Dra. Montessori siempre se refirió a la maestra como la "guía" y su papel se diferencia considerablemente del de la maestra tradicional. Ella, ante todo, tiene que ser una gran observadora de los intereses y necesidades individuales de cada niño y su trabajo diario está guiado por sus observaciones más que por un currículo previamente desarrollado. La guía demuestra el uso correcto de los materiales conforme los niños los van escogiendo. Observa cuidadosamente el progreso de cada niño llevando un registro de su trabajo. Está entrenada para reconocer cuándo el niño está preparado para recibir una nueva lección. Algunas veces la guía tiene que distraer la atención del niño de un material que él ha escogido y que está fuera de su nivel; otras veces, tendrá que animarlo cuando se muestre dudoso para trabajar con determinado material. Cuando el niño comete un error, la guía se abstiene de intervenir si es posible, permitiendo así que el propio niño descubra su error mediante una manipulación más extensa del material, el cual contiene en sí el control de error. Este proceso sigue el principio que la Dra. Montessori señalara: el niño aprende por medio de la experiencia.

El comportamiento de los niños

En un aula Montessori hay siempre un constante murmullo y actividad ya que el uso de los materiales requiere varios movimientos como caminar, cargar, verter, hablar y, en particular, el constante uso de las manos. Sin embargo, todas las actividades están dirigidas hacia el respeto por el trabajo de los compañeros y el respeto por los mismos materiales. La Dra. Montessori nunca equiparó el buen comportamiento con el silencio y la inmovilidad. El auto-disciplina, señaló, debe de ser adquirida gradualmente por medio de la absorción de un trabajo que hace sentido. Cuando un niño se interesa vitalmente en una actividad en particular en el aula, su comportamiento casi siempre madura. Cuando un niño no se comporta bien en el aula, la guía le ayuda a escoger el trabajo que más absorba su atención.

¿POR QUÉ EDADES DIFERENTES EN UNA MISMA AULA?

Si el material del aula debe ser lo suficientemente desafiante como para provocar una respuesta que lleva al aprendizaje, éste debe estar correctamente organizado para estar al nivel que cada niño ya ha desarrollado en experiencias anteriores. Estas experiencias son tan variadas que generalmente la elección más satisfactoria la realiza el propio niño. El aula Montessori le ofrece la oportunidad de escoger entre una gran variedad de materiales que van aumentando el grado de dificultad. El niño puede crecer conforme a sus intereses que le llevan de un nivel de complejidad a otro. La presencia de niños de 3 a 6 años juntos permite que el niño más pequeño pueda observar e imitar una serie de modelos graduados mientras que los niños mayores tienen la oportunidad de reforzar sus propios conocimientos al ayudar a los más pequeños.

UN AMBIENTE SIN COMPETENCIA

En el aula Montessori no existe la competencia porque los niños trabajan individualmente con los materiales. Cada niño relaciona solamente su actividad a su propio trabajo anterior y no se comparan sus logros al de los demás. La Dra. Montessori creía que la competencia en la educación debería ser introducida solo después que el niño haya adquirido confianza en el uso de las destrezas básicas. La Dra. Montessori escribió: "Nunca hayque permitir que el niño se arriesgue al fracaso hasta que tenga la oportunidad razonable de triunfar."

ADAPTACIONES PARA HABILIDADES Y DESTREZAS DIFERENTES

El uso de materiales individuales permite las adaptaciones necesarias a la variedad de niveles de habilidad en el aula de acuerdo al ritmo de cada niño. Un niño pequeño o más lento puede trabajar durante muchas semanas con el mismo material sin retrasar a los demás compañeros de clase. Los niños más avanzados en la misma aula pueden moverse de un material a otro rápidamente, evitando así el aburrimiento al tener que esperar que los otros les alcancen. Los niños con un nivel alto de rendimiento tienen un constante desafío ante una amplia variedad de materiales y sus usos múltiples.

Es un hecho bien establecido que los niños de edad pre-escolar maduran a ritmos diferentes y que sus periodos de aprestamiento para las materias académicas varían enormemente. Dado que el interés es estimulado y que los materiales están al alcance para cuando están listos para usarlo, algunos niños en el aula Montessori empiezan a leer y a calcular a una edad temprana poco usual. Sin embargo, el aprendizaje tan temprano no es la norma ni tampoco fue el objetivo de la Dra. Montessori. Su ideal era que la experiencia del aprendizaje sucediera naturalmente y con alegría en el momento indicado para cada niño. "Es verdad que no podemos crear genios," escribió la Dra. Montessori, "solo podemos darle a cada individuo la oportunidad de satisfacer sus potencialidades para que éste sea un ser humano independiente, seguro y equilibrado."

Los ejercicios de la vida práctica

La Dra. Montessori escribió: "El trabajo del niño es crear al hombre que llegará a ser. Un adulto trabaja para perfeccionar el medio ambiente, pero un niño trabaja para perfeccionarse a si mismo."

Esta distinción puede ilustrarse si nos imaginamos a dos personas en la playa en un día caluroso. Una de ellas es un hombre tratando de llenar un barril con arena; y la otra es un niño pequeño llenando y vaciando una cubeta con arena. Si alguien se le acercase al hombre ofreciéndole ayuda, éste cedería gustosamente la pala, pero si se tratase de ayudar al niño, éste se resistiría. El se aferra a su pala porque el trabajo que el efectúa solo lo puede hacer él mismo. Por medio de la repetición constante de ciertos movi- mientos, el niño fortalece sus músculos, perfeccionando así su coordinación y desarrollando confianza en una destreza en particular. Nadie le dice al niño que tiene que llenar la cubeta con arena; él lo hace dirigido por una fuerza natural innata.

Usando las inclinaciones naturales del niño, la Dra. Montessori estructuró varios ejercicios para el salón de clases a fin de ayudar al niño a atisfacer esta necesidad de efectuar una actividad significativa. Para estos ejercicios, ella usó objetos familiares al niño, como: botones, cepillos, trastos, agua y muchas otras cosas que un niño reconoce a partir de sus experiencias en el hogar.

El niño encuentra algo muy especial en las tareas que el adulto puede considerar tediosas, como lavar platos, cortar apio y lustrar zapatos. Estos ejercicios apasionan al niño aporque le permiten imitar a los adultos. La imitación es una de las fuerzas más poderosas en los primeros años de vida.

Varios ejercicios de la Vida Práctica requieren el uso de agua, que naturalmente fascina a los niños. Llevar agua en una jarra y verterla en un balde, ayuda al niño a perfeccionar su coordinación. Cuando el niño se concentra en una actividad como lavar una mesa, él va alargando sus periodos de capacidad de concentración. También aprende a poner atención en pequeños detalles conforme va siguiendo la secuencia del ejercicio. Finalmente, aprende buenos hábitos de trabajo cuando al terminar cada ejercicio, guarda todos los materiales antes de empezar con otra actividad.

Aunque los ejercicios de la Vida Práctica parezcan sencillos y rutinarios, son en realidad una parte muy importante del programa Montessori. Cada uno de los ejercicios ayuda al niño a perfeccionar su coordinación, para después tener la capacidad de trabajar con materiales más complejos en las áreas académicas. Sin concentración y atención no hay aprendizaje. El niño se prepara para el aprendizaje al realizar los ejercicios que le ayudan a prolongar gradualmente el tiempo de concentración y focalización de su atención en una actividad específica.

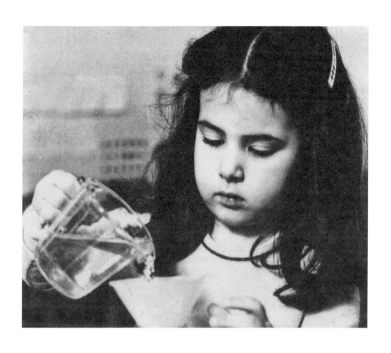

LOS BASTIDORES DE VESTIR

Los bastidores de vestir son muy importantes dentro de los ejercicios de la Vida Práctica. Cada bastidor aísla un aspecto del vestir y ofrece al niño la oportunidad de perfeccionar esta destreza, repitiendo la acción una y otra vez para así llegar a ser independiente al vestirse solo. Los bastidores ofrecen la posibilidad de practicar en cualquiera de lo siguiente: botones, broches a presión, cierre, ganchos, hebillas, cordón de zapatos, corchetes y lazos para amarrar. En este último bastidor, la Dra. Montessori consideró importante tener dos colores diferentes de cintas; de esta manera, la maestra, al ayudar al niño puede decir: "Lleva la cinta negra alrededor de la blanca," en vez de decir "Lleva ésta alrededor de ésta otra."

Ya que hay muchas oportunidades en el hogar para que el niño repita los ejercicios de la Vida Práctica, los padres pueden alentar a sus hijos a usar estas destrezas para vestirse solos en cuanto empiezan a demostrar interés en una de ellas. Si el niño quiere lavar los trastos, clasificar objetos, pulir la platería o verter la leche, los padres deben requerir el mismo procedimiento ordenado que se fomenta en el aula a fin de que los buenos hábitos de trabajo se conviertan en parte de la naturaleza del niño.

Ejercicios sensoriales

Propósito

Un niño pequeño se relaciona con el mundo que le rodea usando constantemente todos sus sentidos. Para examinar un objeto nuevo, un bebé lo mira, lo toma entre sus manos para sentir su textura y su peso, lo agita, lo chupa, o hasta trata de morderlo. Utiliza naturalmente todos sus poderes de observación. La Dra. Montessori pensó que éste era el momento ideal para brindarle al niño el material que le ayudara a agudizar sus sentidos, permitiéndole así entender las varias impresiones que recibe por medio de dichos sentidos.

Los materiales sensoriales en el aula Montessori ayudan al niño a volverse consciente de los detalles. A este efecto, se le brinda primeramente sensaciones de contrastes marcados como los colores rojo y el azul, luego las sensaciones en sus variantes graduales como ser las diferentes tonalidades del azul. El material le ayuda a conocer lo que es el rojo, lo que es azul y luego comprender la abstracción del concepto azul y finalmente la abstracción del color en si.

Cada material sensorial aísla una cualidad definida como el color, peso, forma, textura, tamaño, sonido, olor, etc. Cada uno de los materiales enfatiza cada cualidad en particular, eliminando o minimizando otras diferencias. Es así como las Tabletas de Colores son todas del mismo tamaño, la misma forma y la misma textura. Se diferencian solamente en el color.

Se puede ilustrar la importancia de educar los sentidos con un ejemplo del mundo adulto. Tanto para los adultos como para los niños es posible recibir cualquier cantidad de impresiones sin beneficiarse de ellas. Dos personas pueden asistir a un concierto. Una de ellas experimenta un gran placer, y la otra, con la misma agudeza auditiva, solo siente aburrimiento y cansancio. Las impresiones sensoriales no son suficientes por si solas. La mente necesita educación y capacitación para poder discriminar y apreciar.

Un niño pequeño puede permanecer sin conmoverse ante una variedad de impresiones sensoriales de su medio ambiente cotidiano. Lo que necesita no son más y más impresiones, sino la habilidad de entender lo que está percibiendo. Los materiales sensoriales Montessori ayudan al niño a distinguir, clasificar y relacionar la nueva información con lo que ya conoce. La Dra. Montessori estaba convencida que este proceso es el comienzo del conocimiento consciente. Este se alcanza cuando la inteligencia trabaja concentradamente en las impresiones producidas por los sentidos.

La Torre Rosada

El tamaño, en sus tres dimensiones, se le presenta al niño con la Torre Rosada. Esta es una serie de 10 cubos graduados en tamaño: desde un centímetro cúbico hasta diez centímetros cúbicos. Todos los cubos son iguales en color, forma y textura. Para que el niño trabaje con este material, debe distinguir los diferentes tamaños y construir la torre empezando por el cubo más grande y terminando con el cubo más pequeño en la parte superior. El material tiene su propio control de error porque si el niño coloca los cubos en el orden incorrecto, se nota inmediatamente y hasta puede ser que la torre se derribe.

La Escalera Café

La Escalera Café introduce al niño al concepto de las diferencias de tamaño en dos dimensiones. Este es un grupo de diez prismas de una misma longitud de veinte centímetros, pero cuyo ancho y altura varían de un centímetro a diez. Nuevamente, el niño debe colocar los prismas en la graduación correcta, formando una estructura en forma de escalera. Con este ejercicio, la maestra introduce los conceptos de grosor y delgadez, usando los términos **grueso, más grueso** y **el más grueso**, así como **delgado, más delgado** y **el más delgado**, a través de los bloques correspondientes que hacen las veces de ejemplos concretos.

LAS BARRAS ROJAS

Las barras rojas ayudan al niño a reconocer las diferencias en tamaño en una sola dimensión, la longitud. Nuevamente, el niño debe colocar las barras en secuencia correcta: de la más corta, que mide diez centímetros de largo, a la más larga que mide un metro. Este ejercicio es similar a los anteriores ya que un error en el orden de las barras es evidente y el niño puede corregirlo fácilmente. También le ofrece a la maestra la oportunidad de introducirle al niño los términos **corta**, **más corta** y **la más corta**, así como **larga**, **más larga** y **la más larga**. Este material proporciona al niño una base sensorial para aprender a contar cuando empiece con las matemáticas.

LOS FRASCOS PARA OLER

Este material consiste en dos colecciones de frascos con sus tapones removibles. Lo frascos son idénticos en todo, con excepción de los condimentos que contienen. Uno tiene canela, otro menta, otro café, otro clavos de olor, etc. Cada frasco tiene una fragancia marcada.

Los condimentos en cada frasco están cubiertos por una estopilla o tapones perforados para que el niño las pueda oler sin verlos o tocarlos. Cada frasco de la primera colección tiene su par en la segunda colección de frascos. El niño combina los pares oliendo cuidadosamente cada uno de los frascos. La maestra usa este ejercicio como una oportunidad para desarrollar el vocabulario del niño enseñándole los nombres de los condimentos que huele.

Como ejercicio paralelo, los niños huelen algodones humedecidos con líquidos como perfume, vainilla y vinagre. Muchas maestras extienden este ejercicio haciendo que los niños huelan detenidamente la fragancia de las flores en el jardín de la escuela. Algunos niños llegan a identificar muchas de las flores con los ojos vendados, simplemente a través de su fragancia.

LAS TABLETAS DE COLORES

La primera presentación del color que se le da al niño es por medio de seis tabletas de color: dos rojas, dos azules y dos amarillas. Todas las tabletas tienen el mismo tamaño, la misma forma y textura y se encuentran en una caja pequeña. Solo se diferencian por el gran contraste en el color. En este ejercicio, el niño aparea las tabletas y aprende los nombres correspondientes. Este es un ejercicio muy sencillo con el que trabajan los niños más pequeños de la clase.

Se puede incrementar el grado de dificultad de este ejercicio aumentando gradualmente más pares de colores. Eventualmente, el niño desarrollará la capacidad de aparear y nombrar once pares diferentes.

GRADACIÓN DE COLORES

Como siguiente paso en este ejercicio, el niño usa una caja que contiene ocho diferentes tonalidades de ocho colores diferentes. Las tonalidades de cada color presentan una gradación de la tonalidad más clara a la más oscura. El niño debe distinguir la intensidad de las tonalidades de cada color y colocar las tabletas en orden: de la más clara a la más oscura. Cuando se termina el ejercicio, el arreglo de todas las tabletas tiene el efecto de un lindo arco iris que atrae mucho la atención de los niños.

Se puede variar esta actividad a manera de presentar un mayor desafío: la maestra selecciona una tableta y le pide al niño que traiga de la caja una más clara o más oscura. Este no es un ejercicio fácil, pero hay muchos niños que son capaces de hacerlo con certeza después de haber trabajado con las tabletas por varios meses. Al enseñarles a los niños a estar conscientes de las diferencias en colores, se les están preparando para todo tipo de futuras observaciones científicas en el arte, la apreciación del arte, en la decoración y muchas otras actividades significativas.

LAS TABLETAS BÁRICAS

Otro material sensorial es una caja que contiene tres colecciones de tablitas de madera, cada grupo de las cuales varía un poco de las otras dos en su peso. Las tabletas varían también en color; es por eso que el niño efectúa el ejercicio con los ojos vendados. Esto elimina la diferencia visual y hace que el niño clasifique las tabletas por su peso, pesándolas en las yemas de sus dedos. Primeramente, el niño mezcla dos de las colecciones de tabletas y trata de clasificarlas en dos montones que corresponden a los términos relacionados al peso: **liviano** y **pesado**. Posteriormente, la dificultad del ejercicio aumenta al añadir la tercera colección de tabletas, para ser clasificadas como peso **liviano**, **mediano** y **pesado**. El niño puede corregir su propio trabajo quitándose la venda de los ojos para ver si las tabletas del mismo color están en el montón que corresponde.

EL ARTE DE ESCUCHAR

El arte de escuchar atentamente, es una cualidad que merece ser cultivada para su uso toda una vida. Muchos niños hoy en día tienen la costumbre de desconectarse y no prestar atención al sonido. No hacen ningún esfuerzo por distinguir una cantidad de sonidos que penetran sus oídos y es así que bloquean la oportunidad de realizar muchas actividades de aprendizaje.

Escuchar atentamente es una preparación vital para la lectura. La Dra. Montessori diseñó varios juegos sensoriales para ayudar al niño a concentrarse en sonidos específicos. En uno de los juegos, el niño se venda los ojos y se le pide que identifique determinados sonidos en el salón de clases, como el ruido al abrir una ventana, cerrar una puerta, cerrar un libro o verter agua. En otro juego, el niño trata de identificar las voces de sus compañeros que están hablando, sin verlos.

LOS CILINDROS DEL SONIDO

Para ayudar al niño a distinguir diferentes intensidades del sonido, la Dra. Montessori diseñó un material que consiste en una colección de seis cilindros de madera con sus tapas rojas. Cada cilindro contiene una pequeña cantidad de diferentes sustancias como sal, arroz, frijoles secos, botones o piedrecillas. Los sonidos que éstos producen cuando el niño los sacude varían en intensidad, de suave a fuerte. Esta colección de cilindros corresponde a una segunda colección con tapas azules. Cada cilindro en la primera colección tiene su par que produce el mismo sonido en la segunda colección. El niño tiene que escuchar con el fin de irlos apareando. Posteriormente, el niño podrá graduar los cilindros de una de las colecciones del sonido más fuerte al más suave.

LAS CAMPANAS

Otra de las cualidades del sonido que le es interesante al niño es el tono. Para aislar esta cualidad, la Dra. Montessori diseñó una colección de campanas, unas con la base blanca y otras con la base negra que corresponden a las teclas blancas y negras del piano. Las campanas son iguales en todos sus detalles, excepto el tono, el cual se escucha cuando el niño las toca delicadamente. También forma parte de este material una segunda colección de campanas con base café cuyos tonos corresponden exactamente a los de las campanas blancas y negras. El ejercicio consiste en aparear las campanas según su tono y posteriormente graduarlas en la misma secuencia de la escala musical.

La maestra empieza permitiéndole al niño usar solamente dos pares de las campanas que tengan una gran diferencia de tono. Una vez que el niño pueda aparearlas sin problema, la maestra va aumentado el número de pares para que el niño trabaje. Conforme va disminuyendo el contraste entre los pares, el grado de desafío en el ejercicio va aumentando. Algunas veces, los niños no solamente llegan a componer la escala musical, pero también pequeñas melodías usando alrededor de nueve o diez campanas. Este tipo de capacitación auditiva es una buena preparación para actividades musicales de mayor alcance.

El arte de sentir

Al niño le gusta tocar todo. Gran parte de la experiencias del mundo le llegan a través de las manos al ir investigando su medio ambiente. El niño puede usar su sentido del tacto de una manera más significativa cuando tiene los ojos vendados. Esto elimina la posibilidad que el niño reconozca un objeto visualmente y lo desafía a que reconozca algo con sus dedos.

En el aula Montessori, el niño empieza las actividades táctiles con la Bolsa de Objetos. ésta es una simple bolsa que contiene una colección de objetos familiares al niño como una taza, un tapón, una cuerda y una pelota. El niño agarra cada objeto y, sin mirar, lo nombra.

Se realiza una educación táctil más avanzada cuando el niño usa las Tablas Ásperas y Lisas, las cuales le permiten sentir la diferencia entre la lija y la madera lisa.

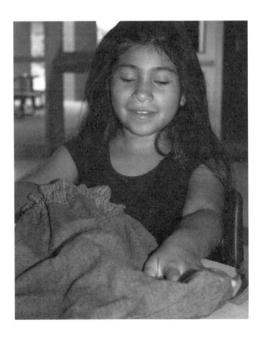

Lo próximo es el uso de la colección de las Tabletas de Lija. Estas consisten en ocho tablitas con papel lija a ser apareadas y graduadas de la más suave a la más áspera. Esta actividad es una preparación para el uso de las Letras de Lija descritas más adelante.

LAS TELAS

Una actividad paralela para la educación del tacto consiste en una caja que contiene varios pares de telas diferentes como: lana, franela, seda, algodón, terciopelo, lona, encaje, etc. En este ejercicio el niño mezcla todas las telas, se venda los ojos y luego aparea las telas idénticas mediante el tacto. El niño puede corregir el ejercicio por si mismo al quitarse la venda y viendo si sus pares son iguales. Mientras el niño trabaja con este material también aprende el nombre correcto de cada tela, de esta manera se le da la oportunidad de ampliar su vocabulario durante los años del periodo sensible para el desarrollo del lenguaje.

LOS SÓLIDOS GEOMETRICOS

Por su propia naturaleza, muchos de los ejercicios sensoriales son una preparación remota para el aprendizaje académico. Por ejemplo, el niño que ha aprendido a escuchar atentamente tendrá la capacidad de percibir diferencias sutiles en los sonidos de las letras. Los materiales de geometría que ayudan al niño a concentrase en las diferentes formas, son de igual importancia para el desarrollo de las destrezas en el lenguaje.

Ya que la forma es la característica que define a cada letra del alfabeto, la Dra. Montessori diseñó varios ejercicios sensoriales para que el niño esté consciente de esta cualidad. Empezó con los Sólidos Geométricos. Estos consisten en una colección de materiales similares en color y textura y que son aproximadamente del mismo tamaño, pero que se diferencian en la forma. La colección incluye el cubo, la esfera, el cono, el cilindro, la pirámide, el prisma rectangular y el prisma triangular.

Los niños aprenden a reconocer estas formas tomándolas en las manos, mirándolas y jugando en grupo. A quien le toca el turno, se venda los ojos y trata de identificar cada una de las formas tridimensionales. También aprenden a relacionar estas últimas con objetos en su medio ambiente; por ejemplo, la esfera es como una pelota; el cilindro es como un vaso para beber; el cono es como el barquillo de los helados.

Una parte importante de esta actividad es el desarrollo del vocabulario. A los niños les encanta las palabras largas y raras y es por esta misma razón que disfrutan del desafío de pronunciar palabras como **cilindro, pirámide** y **prisma rectangular**. Es mucho más fácil para los niños aprender lo que es una pirámide o una esfera cuando pueden tener estas formas entre sus manos que tener que aprenderlas más tarde de manera abstracta. Cuando estos niños estudien geometría en un futuro, tendrán el vocabulario necesario basado en representaciones concretas.

LA CAJA DE FIGURAS GEOMETRICAS

La Caja de Figuras Geométricas presenta al niño las figuras geométricas planas. Esta caja tiene seis cajones de encartes planos de madera que representan diferentes tipos de triángulos, diferentes tamaños de rectángulos, diferentes polígonos, diferentes tamaños de círculos, cuadriláteros irregulares y varias figuras curvas. Cada encarte tiene una pequeña perilla que le permite al niño sacar y volver a colocar la figura de su marco de madera. Inicialmente, el niño trabaja con este material como si fuera un rompecabezas.

Posteriormente, el niño aparea las figuras de madera con las mismas figuras impresas en tarjetas individuales. La primera colección de tarjetas tiene cada una de las figuras impresas en azul en toda su superficie. La segunda colección tiene el perímetro de las figuras trazado con una línea azul gruesa y la tercera colección tiene el perímetro de las figuras trazado con una línea azul del grosor de un lápiz. Conforme el niño aparea las figuras de madera con estos tres grupos de tarjetas, va haciendo la transición gradual de una figura sólida al contorno de la figura trazada con un lápiz. ésta es una preparación indirecta para reconocer las diferentes formas de las letras y números escritos.

LOS TRIÁNGULOS CONSTRUCTORES

Los Triángulos Constructores son triángulos de madera en colores brillantes que el niño arma como si fueran partes de un rompecabezas. Cada triángulo tiene uno o más lados marcados con una línea negra en el borde. Al juntar las líneas negras, el niño puede construir muchas de las figuras geométricas con lados rectos. Estas figuras, una vez armadas, ilustran cómo estas figuras están realmente compuestas por triángulos. La fotografía más arriba muestra triángulos compuestos por uno, dos, tres y cuatro triángulos.

LOS BLOQUES DE CILINDROS

La preparación indirecta para la técnica motora de la escritura empieza cuando el niño trabaja con los Bloques de Cilindros. Estos son cuatro bloques oblongos de madera color natural. Cada bloque contiene diez cilindros de madera color natural que van insertados en el bloque y que se pueden sacar y meter con la ayuda de las perillas que se encuentran en la parte superior de cada cilindro. Los cilindros varían en diferentes graduaciones de profundidad y diámetro.

Primero, el niño trabaja con un bloque. Saca todos los cilindros, los mezcla y los vuelve a colocar en sus lugares respectivos. El ejercicio tiene su propio control de error porque cada cilindro encaja perfectamente en el hueco que le corresponde. Posteriormente, el niño trabaja con dos, tres y, finalmente, cuatro bloques al mismo tiempo. Finalmente, el niño es capaz de realizar todo el ejercicio con los ojos vendados.

En esencia, éste es un ejercicio sensorial en la discriminación de tamaños; sin embargo es una actividad sensorial muy importante porque el niño agarra la perilla de los cilindros con el dedo pulgar y los mismos dos dedos que usará para tomar el lápiz. Cada vez que el niño trabaja con este material, va desarrollando control de los pequeños músculos que eventualmente usará en la escritura. Otros materiales en el aula Montessori que requieren el manejo de este mismo tipo de perillas son los encartes de la Caja de Figuras Geométricas y las piezas de los Mapas Rompecabezas.

Aprendiendo a escribir

Para aprender a escribir, el niño debe desarrollar una doble destreza. Debe memorizar la forma de las letras y sus sonidos correspondientes, además de desarrollar la destreza muscular necesaria para tener control en el uso el lápiz.

Para aclarar esta distinción, pongamos atención a lo que sucede si una de estas fases no se perfecciona. Un niño quiere escribir **dado**. Tiene buen control de su mano, pero su conocimiento de las letras es todavía un poco débil y escribe **babo** muy claramente.

Por otra parte, si un niño sabe todas las letras perfectamente, pero su mano todavía no tiene el control necesario, quiere escribir **dado**, pero en realidad escribe dado, en el papel.

Para un niño el tratar de adquirir ambos aspectos de esta destreza al mismo tiempo es generalmente descorazonante y frustrante. Le es extremadamente difícil tratar de aprender la manera de configurar las letras a tiempo de tratar de aprender cómo mover el lápiz con control.

Los materiales que la Dra. Montessori diseñó ofrecen al niño la oportunidad de aprender la forma y los sonidos de las letras de una manera completamente independiente del perfeccionamiento de la destreza motriz. Por lo tanto, el niño en el aula Montessori no aprende a escribir escribiendo, pero realizando una serie de actividades estructuradas con el objetivo de prepararle, tanto directa como indirectamente, para la facilidad en la escritura.

Las letras de lija

El niño empieza a aprender las letras del alfabeto usando las Letras de Lija. Cada letra del alfabeto está recortada en papel de lija y montada sobre una tableta individual, las vocales sobre tabletas azules y las consonantes sobre tabletas rojas. La maestra le muestra al niño cómo trazar la letra con dos dedos, siguiendo la misma dirección en que se escriben.

El uso de este material proporciona al niño tres impresiones simultáneamente: ve la forma, siente la forma y escucha el sonido de la letra que la maestra repite al introducirle el sonido de la letra. El hecho de que la letra está formada en papel de lija y no impresa en tinta, invita al niño a trazar la forma. Este es un paso

importante en el aprendizaje de la escritura. La repetición de este ejercicio fija en su memoria muscular el curso a seguir en el trazo de cada una de las letras.

En el aula Montessori, el niño aprende los sonidos fonéticos de las letras antes de aprender los nombres de las letras en el orden alfabético. Se enseña primero los sonidos fonéticos porque son los sonidos que el niño realmente oye en las palabras. Por ejemplo, un niño puede oír la "s" al principio de la palabra silla, pero no oye el nombre alfabético de la letra "ese" en esta palabra.

El niño se percata por primera vez de estos sonidos fonéticos cuando la maestra le presenta las consonantes con las Letras de Lija. Por ejemplo, cuando se presenta la letra "**m**", la maestra produce el sonido "**mmm**" en vez de decir "**eme**". La maestra cita ejemplos de palabras que empiezan con el sonido "**m**" como **mamá** o **mano**. Luego, el niño repite el sonido y cita sus propios ejemplos de palabras que empiezan con "**m**", como **mono** o **mesa**.

En la primera introducción de las vocales, la maestra pronuncia sus sonidos y cita ejemplos de palabras que empiezan con la vocal: **a**vión, **e**lefante, **i**glú, **o**so, **u**vas. Tan pronto como el niño aprende las vocales y unas cuantas consonantes, está listo para construir palabras cortas.

LOS RECUADROS METÁLICOS

Un niño en el aula Montessori aprende a controlar el lápiz llenando contornos trazados con lápices a colores; una actividad que no le causa cansancio porque le gusta. Para trazar el contorno, el niño usa el material llamado Los Recuadros Metálicos. Cada recuadro representa una figura geométrica diferente. Después de elegir una figura geométrica y trazarla en papel, el niño llena el área dentro del contorno con el lápiz de color que escoge.

Al principio, sus trazos no son perfectos y se extienden más allá del contorno. Poco a poco se vuelven más precisos y se van uniformando. El progreso en el control muscular puede notarse comparando los diseños del niño de semana en semana y de un año para otro. Eventualmente hace diseños más elaborados sobreponiendo dos o tres otras figuras sobre la figura original. Cuando este diseño está coloreado, el producto del esfuerzo se asemeja a un vidrio de catedral.

Estos diseños hechos por niños usando los recuadros metálicos, muestran varias etapas en los avances de esta actividad. Aunque el trabajo con los Recuadros Metálicos proporciona al niño la oportunidad de experimentar con color y diseño, no es considerado arte creativo. No se utilizan creyolas ni pintura en esta actividad porque su objetivo es siempre obtener el control del lápiz.

La escritiura

En algún momento, durante los años que el niño pasa en un salón Montessori, algo extraordinario sucede. Después de trabajar por un tiempo con los Recuadros Metálicos y las Letras de Lija, llega el día en que se da cuenta que puede formar palabras y números con el lápiz. La Dra. Monte-ssori le llamó a este fenómeno "la explosión de la escritura".

Cuando la escritura comienza de esta manera espontánea, el niño se ahorra muchas horas tediosas de esfuerzo forzado. Escribir es divertido y porque el niño ya ha aprendido a tener control, la repetición necesaria para desarrollar buenas proporciones y estilo en la escritura no le cansa.

De la escritura a la lectura

La construcción de palabras

La Dra. Montessori siempre señaló que el niño pequeño tiene una sensibilidad natural para el desarrollo del lenguaje en una inmediata continuación a los años cuando se produce el aprendizaje de la lengua materna. El niño a los tres, cuatro y cinco años tiene una verdadera fascinación por las palabras, tanto habladas como escritas. Esta fascinación muchas veces le permite empezar a leer y escribir antes de la edad en que se le enseña tradicionalmente.

La presentación individual de los materiales de lenguaje en el aula Montessori permite que la maestra aproveche de los periodos de interés más importantes de cada niño. La instrucción de la lectura puede empezar el día en que el niño quiera saber qué dice cierta palabra, o cuando muestre interés en usar las Letras de Lija. La construcción de palabras con el alfabeto movible casi siempre precede a la lectura en el medio ambiente Montessori.

El alfabeto movible

Una vez que el niño haya aprendido las Letras de Lija, está ya listo para formar palabras con el Alfabeto Movible. Para esta actividad, la maestra prepara una bolsa de objetos miniatura representando palabras sencillas como: cama, pan, mesa, pito, oso. Primero, el niño escoge un objeto, por ejemplo, "cama" y pronuncia su nombre muy despacio a manera de escuchar el sonido de cada letra c..a..m..a. Luego, selecciona la letra que representa el primer sonido y la coloca

junto al objeto sobre la alfombrita individual. Y así continúa, seleccionando la próxima letra que corresponde al sonido hasta terminar escribiendo toda la palabra.

La Dra. Montessori denominaba esta actividad "la construcción de palabras". El hecho de que el niño manipula el material en esta etapa es importante porque todavía se concentra mejor en algo que está haciendo con las manos.

Generalmente, el niño continúa formando palabras por un periodo bastante largo. El aula le ofrece una gran variedad de objetos en miniatura y láminas que puede usar para formar sus nombres. Gradualmente, la dificultad de las palabras/sustantivos aumenta, es decir, se van haciendo más largas y se introduce las consonantes dobles como en "**plato**", "**clavo**" o "**brazo**".

APAREANDO PALABRAS CON TARJETAS

En forma natural, la lectura le sigue a los ejercicios de construcción de palabras. Después de hacer listas de palabras durante varios días y hasta semanas, el niño llega a darse cuenta poco a poco que puede volver a la lista de palabras y pronunciar lo que ha construido. Sin embargo, el pronunciar las palabras que el niño construye no es realmente saber leer. Leer implica entender las palabras que otra persona ha construido. La oportunidad de hacer este próximo paso se le presenta cuando aparea una colección de objetos con una colección de tarjetas que tienen el nombre del objeto impreso. Para poder colocar las tarjetas correctamente junto a cada objeto, el niño debe leer la palabra en cada tarjeta. Posteriormente, el niño aparea las tarjetas que muestran la figura del objeto con las palabras que corresponden —todavía usando sus manos, a tiempo de ejercitar la lectura.

Las tarjetas de órdenes

Los verbos se presentan al niño por medio de una colección de tarjetas rojas que tienen impresas en cada una, una palabra que significa acción. Los niños disfrutan de este ejercicio porque al leer cada Tarjeta de órdenes, deben actuar la acción indicada. Palabras como **camina**, **corre**, **brinca** y **aplaude** forman parte de la primera colección de tarjetas. Más adelante, los niños siguen instrucciones que les dicen: "Coloca el mapa sobre la mesa" o "Siéntate sobre la alfombra roja". La maestra aumenta la dificultad de las órdenes de acuerdo al progreso de cada niño.

Combinación de consonantes y ortografía

Para construir palabras que contengan una combinación de consonantes o una dificultad ortográfica, los niños usan dos alfabetos movibles, de diferente color cada uno. Cuando hablamos de una combinación de consonantes nos referimos, por ejemplo, a la "**ch**" como en "chango", "**bl**" como en "blanco". Cuando el niño empieza a formar esta clase de palabras, usa uno de los alfabetos de un color para formar la combinación y con el otro alfabeto forma el resto de la palabra. Por ejemplo, cuando el niño trabaja con la "**ll**", forma palabras como "**gallo**", "**llama**", "**calle**", "**llora**", "**valle**", "**pollo**". Cada vez que forma la "**ll**" con el alfabeto amarillo, el resto de la palabra la forma en verde.

Para formar palabras con dificultad ortográfica, el niño continúa el mismo proceso que el anterior, mediante pequeños libritos que tienen escritas, en cada página, la palabra con una dificultad ortográfica. Esta última resalta en un color diferente al resto de la palabra. El librito bajo el título "**CE**" tendrá en la primera página la palabra "**celo**", en la segunda "**ceja**", "**cepillo**" en la tercera y así sucesivamente. En el aula Montessori encontramos un librito para cada dificultad ortográfica.

EL DESARROLLO DE LA LECTURA

Poco a poco el niño va aprendiendo palabras más complicadas, palabras de dos y tres sílabas trabajando con ejercicios que ofrecen variedad en vez de una repetición tediosa. Para entonces el niño domina las destrezas necesarias para seguir las reglas de la fonética y leer palabras nuevas. Se le anima a leer sobre temas que le interesan individualmente. ésta es una introducción a la lectura por placer y a largo alcance.

Algunos niños empiezan a leer a los cuatro años, otros a los cinco y unos hasta los seis. La edad en sí no es tan importante como el momento propicio en que cada niño empieza a leer. Si el niño empieza demasiado temprano, se arriesga a caer en el desaliento. Si se le obliga a esperar, su periodo de interés se pasa y pierde la oportunidad de oro que es cuando se siente impulsado por su propio entusiasmo natural. La libertad del aula Montessori permite que el interés de cada niño determine su progreso.

El interés del niño en la lectura nunca es sofocado por la monotonía; al contrario, se lo cultiva como la clave más poderosa de su futuro aprendizaje. Al niño no se le hacen preguntas que no están en función de sus intereses en ese momento. Se le anima a explorar libros donde puede obtener respuestas a sus propias preguntas, ya sea sobre las ranas, las naves espaciales, las estrellas o los carros bomberos.

Introducción a las Matemáticas

Un niño puede aprender conceptos matemáticos básicos en una de las dos maneras: utilizando materiales concretos durante los años en que disfruta de la manipulación del equipo, o por medio de métodos abstractos cuando empieza la escuela primaria. La Dra. Montessori demostró que si un niño tiene acceso a los materiales de matemáticas en sus primeros años, puede asimilar fácil y alegremente muchos conceptos y destrezas en la aritmética. Por otra parte, los mismos conceptos y destrezas podrían requerir largas horas de trabajo penoso y práctica si le son introducidos más tarde y en forma abstracta.

La Dra. Montessori diseñó materiales concretos para representar todo tipo de cantidades después de haber observado que al interesarse en contar, al niño le gustaba tocar y mover los objetos conforme los enumeraba. En el medio ambiente Montessori, el niño no solamente ve el símbolo que representa 1, 1.000 o 1/2. Puede también tomar en sus manos cada una de las cantidades correspondientes a los símbolos.

Más tarde, por medio de la combinación, separación, distribución, enumeración y comparación de estos materiales, el niño puede demostrarse a si mismo las operaciones básicas de matemáticas. Esta actividad le brinda la satisfacción de aprender descubriendo y no porque alguien se lo dijo. Eventualmente, el niño desarrolla un entusiasmo temprano por el mundo de los números.

Las barras numéricas

En el aula Montessori, el niño tiene su primera introducción a los números por medio de un juego de barras rojas y azules que representan las cantidades del uno al diez. La maestra ayuda al niño a contar cada una de las secciones de las barras que se van alternando entre rojas y azules. El niño va ordenando las barras en forma de escalera y denomina la barra más pequeña UNO, la que tiene dos secciones DOS, la que tiene tres secciones TRES y así sucesivamente. La barra número dos es una unidad, pero es también equivalente a dos de las barras del número uno.

Paralelamente y al mismo tiempo, el niño aprende los símbolos correspondientes trazando con los dedos los números en papel de lija. La maestra le ayuda a colocar cada uno de estos números junto a la barra que representa esa cantidad.

Al trabajar con este material, el niño tiene la oportunidad de descubrir muchos conceptos matemáticos. Por ejemplo, si coloca la Barra Número Uno junto a la Barra Número Dos, se dará cuenta que tienen la misma longitud que la Barra Número Tres. El niño también puede percibir el concepto básico de la multiplicación y la división; por ejemplo, la Barra Número Dos cabe exactamente tres veces en la Barra Número Seis.

El niño también puede usar las barras para demostrar varias combinaciones equivalentes a la Barra Número Diez. Puede colocar la Barra Número Uno junto a la Barra Número Nueve, la Barra Número Dos junto a la Barra Número Ocho, la Barra Número Siete junto a la Barra Número Tres, la Barra Número Seis junto a la Barra Número Cuatro y la Barra Número Cinco se la duplica.

La caja de husos

La Caja de Husos es un ejercicio paralelo en la asociación de símbolos numéricos y sus cantidades. En este ejercicio los números conservan un orden fijo y las cantidades están sueltas. La Caja de Husos está dividida en compartimentos y cada uno de éstos está marcado con los símbolos numéricos del Cero al Nueve. En una caja aparte, hay cuarenta y cinco husos de madera. El niño coloca un huso en el compartimento marcado con el número 1, dos husos en el compartimento marcado 2 y así sucesivamente. El primer compartimento está marcado con el 0 y ésta es la primera intro- ducción a este símbolo. Generalmente, el niño quiere colocar un huso en este compartimento, pero debe aprender que Cero significa ni uno o nada.

LOS NUMERALES Y FICHAS

En este ejercicio tanto los símbolos como las cantidades están sueltos y el niño debe colocarlos en orden. Primero, el niño arregla los números en orden ascendente. Al colocar la cantidad correcta de fichas rojas debajo de cada número, el niño debe arreglarlas de dos en dos. Cada número impar tendrá solamente una ficha en la última fila. Este arreglo ilustra automáticamente los números pares e impares.

LAS TABLAS DE SEGUIN

Para aprender los números del 11 al 19, el niño usa un material conocido como las Tablas de Seguin. Las tablas tienen impreso el número **10** nueve veces en forma vertical. Completando este material, tenemos los números del 1 al 9 impresos en pequeñas tablitas. El niño forma el número **11** deslizando la tablita con el número **1** sobre el **0** del primer 10. Esto le demuestra al niño, en forma concreta, que el 11 consiste de un **10** más **1**. Luego, forma el **12** deslizando el número **2** sobre el **0** del segundo **10**. La maestra ayuda al niño con los términos **once, doce, trece,** etc.

Hay otro juego de Las Tablas de Seguin para aprender los números **21** hasta **99**. Para formar las cantidades correspondientes en este ejercicio, el niño utiliza las barras de perlas de color. Por lo tanto, el trabajo con las Tablas de Seguin generalmente comienza después de que se le ha presentado al niño el material de las Perlas Doradas.

El material de las perlas doradas y de las fracciones

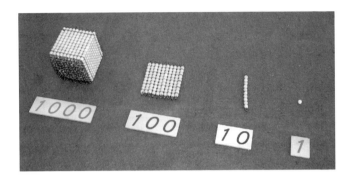

La fotografía nos muestra el famoso material de las Perlas Doradas diseñado por la Dra. Montessori para ilustrar el sistema decimal. La perla suelta a la derecha representa la Unidad. La barra formada por 10 unidades representa la Decena. El cuadrado formado por 10 decenas representa la Centena y el cubo, a la izquierda, formado por 10 centenas representa la unidad del Millar. Los niños ya conocen los términos **cuadrado** y **cubo** por medio de su trabajo con los materiales geométricos.

La maestra explica a los niños que el contar grandes cantidades de Unidades es laborioso y toma tiempo; por lo tanto, cuando tengan 10 Unidades, las intercambian por una barra de Diez o Decena. Cuando tengan 10 Barras de Diez las remplazan por un cuadrado de Cien o Centena y cuando tengan 10 cuadrados de Cien los intercambian por un cubo de Mil o Unidades de Millar.

La fotografía también nos muestra las tarjetas con los números correspondientes impresos en diferentes colores para indicar los valores de posición del sistema decimal. Las unidades están impresas en verde, las decenas en azul, las centenas en rojo y las unidades de millar verde nuevamente ya que vienen siendo unidades también, pero de Millar, seguidas por las decenas de millar y las centenas de millar.

El Sistema Decimal se le presenta al niño por medio de tres ejercicios básicos. Primero, los niños forman cantidades con el material de perlas. La maestra empieza con números sencillos; por ejemplo: "Tráeme 3 Unidades". Luego, la maestra puede combinar números de diferentes valores de posición:

"Tráeme 5 Decenas y 7 Unidades." Más tarde, los niños gozarán acumulando en una bandeja grandes cantidades como 8 unidades de millar, 4 centenas, 3 decenas y 7 unidades.

En el segundo ejercicio, los niños buscan las tarjetas que representan los números que la maestra les pide oralmente, como 8 decenas y 3 unidades. Finalmente aprenden a combinar los números en las tarjetas con las cantidades correspondientes formadas con el material de perlas. Con las Tablas de Seguin, los niños aprenden a relacionar los números, por ejemplo, 7 decenas y 1 unidad es igual a 71.

Las tarjetas con los números pueden combinarse de una manera interesante: Cuando se coloca la tarjeta con el número **1** encima del **10**, se lee **11**. Cuando se coloca el **11** encima del **100**, se lee **111** y cuando éstas a su vez se colocan encima de la tarjeta del **1.000** se lee 1.111.

La Cadena del Millar

La Cadena del Millar muestra cómo se vería el cubo si todas las perlas que lo componen estuviesen colocadas en una sola hilera. La cadena, que está en realidad formada por 100 Barras de Diez, se usa como un ejercicio para que el niño cuente de diez en diez hasta el **1.000**. Los números **10**, **20**, **30**, etc. hasta **990** y **1.000**, están escritos en pequeñas tarjetas que el niño coloca en orden junto a la perla correspondiente, como se puede ver en la fotografía. Como la cadena mide aproximadamente 9 metros de largo, el niño queda impactado con lo que significa el tamaño del **1.000**.

EL JUEGO DEL BANQUERO

Cualquier ejercicio que requiera el intercambio de Perlas Doradas, generalmente se denomina Juego del Banquero. La gran cantidad de material que el niño usa en este juego, se llama el Banco. Los niños usan el Banco cuando quieren cambiar unidades a decenas, decenas a centenas, centenas a millares y viceversa. También se puede sumar, restar, multiplicar y dividir con números de cuatro dígitos con las cantidades del Banco.

Si dos niños quieren sumar, cada uno coloca una cierta cantidad del material de perlas en una bandeja pequeña y escoge las tarjetas correspondientes a esa cantidad. Luego, juntan las dos cantidades en una bandeja más grande y seleccionan las tarjetas más grandes que representan esa cantidad total.

Para restar, la maestra coloca una cantidad grande del material de perlas con las tarjetas más grandes que corresponden a dicha cantidad, en una bandeja grande. Entonces, le da al niño una bandeja más pequeña con un número impreso en tarjetas más pequeñas. El niño "sustrae" esta cantidad del material de perlas en la bandeja grande y las coloca junto a las tarjetas más pequeñas. La cantidad restante en la bandeja más grande es el resultado. Luego, el niño escoge las tarjetas que representan la cantidad restante. En este ejercicio, el niño aprende que la resta es el proceso de descomponer una cantidad mayor en dos cantidades menores.

Cuando el niño aprende a dividir, se le enseña que dividir significa compartir y que el resultado de la división es lo que una persona recibe. Si se le presenta el problema **1.294** dividido entre **3**, le pide a otros tres niños que tomen una bandeja vacía mientras él toma la cantidad en perlas representando la cantidad de **1,294** que desea dividir equitativamente entre los tres compañeros, empezando por el cubo de un Mil.

En vista de que no puede dividir un solo cubo entre tres, el niño cambia en el Banco el cubo de Mil por 10 cuadrados de Cien o Centenas. Ahora tiene 12 cuadrados que representan 12 centenas, ya sea las 10 del cambio más dos que tenía en el número original de **1,294**, y procede a repartir entre los 3 niños. Cada niño recibe 4 cuadrados que representan las centenas. Enseguida, el niño divide las 9 Barras de Diez y cada uno de los otros tres niños recibe 3. Luego, divide las 4 unidades. Cada niño recibe 1. Queda una unidad que no se puede dividir. La respuesta es lo que cada niño recibió: **431**, con una unidad de residuo.

El material de fracciones

Algunas veces, el niño pregunta si la unidad de residuo se puede dividir. ésta es una ocasión ideal para presentarle el material de fracciones que demuestra cómo una unidad puede dividirse en partes. Tenemos 10 círculos rojos. El primero es el entero. El segundo está dividido en dos mitades, el tercero en tres tercios y así sucesivamente hasta los 10 décimos. Cada fracción tiene una perillita en el centro para facilitar su manipulación.

Este material le demuestra al niño concretamente que **1/4** es más pequeño que **1/2**, o que **5/5** son equivalentes a **10/10**. Si toma el círculo que está dividido en mitades, quita una de esas mitades y coloca dos fracciones de **1/4** cada una en el espacio de esa mitad, el niño se dará cuenta que **2/4** son iguales a **1/2**. Se pueden demostrar muchas otras equivalencias fraccionarias con este material. Cuando el niño demuestra interés, aprende a escribir las fracciones y cómo hacer combinaciones simples.

Operacions Matemáticas

En el aula Montessori, el niño aprende las combinaciones de la suma, resta, multiplicación y división, haciendo las operaciones con materiales concretos. Cuando el niño quiere hacer aritmética, se le da una hoja de papel con problemas sencillos. El niño trabaja con estos problemas con el material adecuado y registra los resultados. Operaciones similares se pueden trabajar con una gran variedad de materiales. Esta variedad mantiene latente el interés del niño a tiempo de darle la oportunidad de repetir la operación cuantas veces sea necesario. Conforme va memorizando las tablas de la suma y multiplicación, va desarrollando una verdadera comprensión de lo que significa cada operación. En el aula Montessori hay muchos materiales que pueden usarse para sumar, restar, multiplicar y dividir.

LA ESCALERA CORTA DE PERLAS

La Escalera Corta representa cantidades del Uno al Diez en colores fáciles de reconocer. Una sola perla roja representa **1**. Una barra de dos perlas verdes representa **2**. Una barra de tres perlas rosa representa **3**, y así sucesivamente hasta llegar a la barra de diez perlas doradas representando **10**. Si un niño desea sumar **4 + 6**, coloca la barra de diez perlas amarillas junto a la barra de seis perlas moradas, cuenta el número total de perlas y registra el resultado: **4+6=10**.

Material de perlas al cuadrado y al cubo

El mismo patrón de colores se usa para las perlas que forman los cuadrados y los cubos de los números **1** al **10**. Por ejemplo, 6² está representado por 36 perlas color violeta que van atadas y que forman un cuadrado. 6³ consiste de 216 perlas violeta que van atadas y que forman un cubo. El cuadrado del 6 también está representado por una cadena de seis barras de 6 perlas violeta, el cubo por una cadena de treinta y seis barras de 6. Las cadenas se usan para contar salteando (en este caso, de seis en seis) y para aprender los números 1 al 10 al cuadrado y al cubo.

La multiplicación

Las barras de perlas de colores se usan también para multiplicar. Si un niño quiere multiplicar **6 x 4**, toma 6 barras de las que tienen 4 perlas en cada barra y las coloca sobre un pequeño tapete. Luego, cuenta el número total de perlas y escribe su resultado: **6 x 4 = 24**. El trabajar con este material le proporciona al niño un verdadero entendimiento de lo que significa el término multiplicar. En este caso, la cantidad de **6** se la repite cuatro veces.

LA RESTA

El niño puede usar las Unidades (perlas sueltas) para efectuar una resta simple. Para resolver el problema **9 - 3**, coloca 9 Unidades en un tapete de fieltro y saca tres de las Unidades. Cuenta las perlas restantes y registra su resultado: **9-3=6**.

Muchas veces, el niño aprenderá las tablas de la resta simplemente al revertir las combinaciones de la suma: **4 + 4 = 8**; por lo tanto, **8-4=4**.

EL TABLERO DE LA DIVISIÓN

Para resolver divisiones simples se usa un tablero de forma cuadrada, pinitos y perlas verdes. Los pinitos verdes representan el divisor o el número de personas a quienes se les distribuye la cantidad. Para resolver, por ejemplo, **20 ÷ 4**, el niño coloca cuatro pinitos en la parte superior del tablero y luego empieza a distribuir las veinte perlas, una por una. A cada pinito le toca cinco perlas. El niño registra la operación: **20 ÷ 4 = 5** ya que cada pinito tiene cinco perlas.

MATERIALES ADICIONALES

Siempre se tiene disponibles actividades paralelas de suma y resta para el niño que tiene vivo deseo de usar materiales diferentes. Entre algunas de estas actividades, podemos citar los Tableros de Memorización, el Juego de la Serpiente, el Juego de los Puntos y el Juego de las Estampas. También se tienen disponibles varios tableros relacionados a la raíz cuadrada y a la factorización para cuando el niño esté listo e intcresado.

El niño puede hacer sumas simples con el Tablero de Tiras de Madera las cuales vienen en colores rojo y azul, de diferente longitud, representando las cantidades del 1 al 9.

En este tablero cuadrado, los niños puede colocar los números del 1 al 100 en orden secuencial.

Geografía, Gramática y Botánica

LOS MAPAS ROMPECABEZAS

El aula Montessori ofrece muchas oportunidades a los niños pequeños para ampliar sus conocimientos durante los años en que están motivados por un interés espontáneo. Los mapas rompecabezas son una de las actividades más populares del salón de clase. Los mapas son de madera, bastante grandes y cada pieza del rompecabezas tiene una perilla en su superficie para facilitar su manipulación. El primer mapa que se presenta es el mapa del mundo que tiene piezas separadas para cada continente. Después de trabajar con el mapa-mundi, el niño puede trabajar con cualquiera de los mapas de los continentes en donde cada uno de los países está representado por una pieza separada. Finalmente, hay un mapa de los Estados Unidos de Norte América con una pieza separada para cada estado.

Al principio los niños usan los mapas simplemente como rompecabezas. Poco a poco van aprendiendo los nombres de muchos países, así como la información sobre su clima y sus productos. Los mapas ilustran muchos datos geográficos de una manera concreta. Los niños pueden ver que Rusia es un país de superficie extensa y darse cuenta de las posiciones de las islas como Gran Bretaña, Japón e Islandia.

LAS FORMACIONES DE LA TIERRA Y EL AGUA

Las formaciones de la tierra más comunes—isla, península e istmo—están hechas de arcilla o plastilina en un molde pintado de azul. Los niños pueden verter agua alrededor de la isla, en los tres lados de la península y en ambos lados del istmo. En otros tres moldes están la tierra que rodea un lago, la tierra que rodea un golfo y la tierra que bordea un estrecho. Los niños pueden verter agua en estos moldes para tener la experiencia de formar estas masas de agua. A menudo, ellos agregan árboles o casas en miniatura sobre la tierra y pequeños botes en el agua. Como extensión del ejercicio, los niños ubican estas formas geográficas de tierra y masas de agua en un mapa grande.

LOS MATERIALES DE GRAMÁTICA

En el aula Montessori se introduce al niño a la gramática mediante juegos con un material denominado La Granja que consiste en una granja completa con su establo, su silo y sus animales. Durante la primera lección, la maestra le dice al niño en tono de juego: "Voy a escribir algo que quiero que tu me traigas de La Granja." Ella escribe **el caballo** y el niño entusiasmadamente le trae el caballo. La maestra le dice: "Ah! Este es un lindo caballo, pero no es el caballo que yo quiero. Tendré que usar un adjetivo." Ella escribe **el caballo negro** y de pronto, el niño sabe cuál de los caballos debe traer. De esta manera, el niño empieza a comprender la naturaleza descriptiva del adjetivo.

Tomando en consideración que los niños aprenden a través de los sentidos, se introducen los colores y las formas en la escritura para denotar las diferentes partes de la oración. Se usan triángulos negros para el sustantivo. Los adjetivos y artículos también son triángulos, pero de menor tamaño ya que su función es la de modificar el sustantivo. Posteriormente, por medio de La Granja, se le introduce al niño las conjunciones (rectángulos rosados) y las preposiciones (media lunas verdes).Los verbos, que son palabras que significan una acción, se denotan con círculos rojos. Los adverbios, que modifican el verbo, son unos círculos anaranjados más pequeños. Al introducirle los verbos y adverbios, el niño puede efectuar las acciones que la maestra escribe: **canta suavemente** o **camina lentamente**. Más adelante, los niños pueden continuar su trabajo gramatical independientemente, utilizando La Granja y otros ejercicios que la maestra ha preparado.

INTRODUCCIÓN A LA HISTORIA

Con el objetivo de introducir a los niños el concepto de que la Historia es una serie de eventos que ocurrieron antes del tiempo presente, la Dra. Montessori usó la Línea del Tiempo. En el aula de niños de tres a seis años, se empieza con una corta línea cronológica marcada con las fechas de los primeros cinco o seis años de vida del niño. Junto a la primera fecha, el niño coloca una fotografía de recién nacido. Enseguida, una fotografía de cuando cumplió su primer año y luego otra a los dos años, posiblemente agarrando su mascota o juguete preferido. A los tres años, quizás junto con un hermanito menor y, a los cuatro años, probablemente una fotografía en la escuela, etc.

Después de los seis años de edad, los niños usan Líneas del Tiempo en las que pueden colocar fotografías o tarjetas con ilustraciones que representan tiempos o eventos históricos.

BOTÁNICA

Muchas de las aulas Montessori tienen hermosos rompecabezas de madera o atractivas colecciones de tarjetas con ilustraciones en colores de las partes del árbol, las partes de la hoja, o las partes de la flor. Los niños aparean estas ilustraciones con sus nombres correspondientes. Al trabajar con estas tarjetas o rompecabezas, los niños se hacen mejores observadores de las características de la vegetación en el medio ambiente que los rodea. Frecuentemente, se tienen plantas, flores y vegetales creciendo en el salón de clase, o los niños pueden traer ejemplos que coordinen con los materiales en el aula.

Gran parte de los materiales de Gramática y Ciencias en el aula Montessori son hechos por la maestra u otras personas bajo la supervisión de la maestra. Estos materiales varían de un aula a otra, usualmente reflejando los intereses de la maestra y según el nivel de trabajo al cual los niños están prestos a realizar. Sin embargo, generalmente, los materiales demuestran la teoría de la Dra. Montessori que los niños pueden aprender todo tipo de información siempre y cuando les sea accesible mediante el trabajo con materiales atractivos. Ellos están estimulados por su propia curiosidad y gozan con la manipulación de los materiales. El aprendizaje a través del descubrimiento les brinda una satisfacción muy especial, no así cuando se les transmite la información.

¿POR QUÉ APRENDER A TAN TEMPRANA EDAD?

Muchos padres de familia se preguntan por qué Montessori presenta la gramática, geografía y matemáticas a niños de tres a seis años. La razón es que niños de esta edad absorben gozosos muchos conceptos difíciles si se les presenta en forma concreta. Los obstáculos comunes que se presentan en la escuela primaria pueden ser apasionantes si los mismos conceptos se presentan a una edad temprana mediante la manipulación de materiales concretos. En el aula Montessori, los niños pueden tener en sus manos **unidades, cilindros, esferas, sustantivos** o **fracciones**. Cuando suman pueden reagrupar físicamente las perlas en la columna de al lado; cuando efectúan una resta, pueden sustraer las perlas con sus manos; cuando dividen, pueden repartir las perlas que representan el dividendo. Los niños gozan cuando pueden actuar lo que significa un verbo, verter agua alrededor de la forma de una isla o alrededor de los tres lados de una península. Les gusta formar un cuadrado con cinco hileras de cinco barras de cinco perlas cada una o también unir fracciones con las manos. Los materiales que hacen tangibles estos conceptos para el niño, dejarán una huella imborrable en su memoria por muchos años y les ayudarán a aclarar términos abstractos cuando los encuentre una y otra vez en futuras situaciones de aprendizaje.

Actividades de grupo y el arte

Caminando en la línea

Una de las actividades de grupo dentro del aula Montessori consiste en caminar lentamente alrededor de una línea circular marcada en el piso con cita adhesiva. Este ejercicio ayuda a los niños a desarrollar su equilibrio y control conforme van colocando un pie en frente del otro, del talón a la punta del pié.

Hay muchas maneras de aumentar el grado de dificultad en la actividad, invitando a los niños a perfeccionar el control de sus movimientos mientras caminan. Los niños pueden llevar una bandera en sus manos, o una canasta sobre sus cabezas; pueden llevar cubos de la Torre Rosada sin dejarlos caer; llevan vasos de agua sin derramar una gota, o llevan una campanita en la mano sin dejarla sonar. Todo ello, mientras van caminando sobre la línea. Esta actividad ayuda al niño a desarrollar coordinación y gracia en sus movimientos.

EL JUEGO DEL SILENCIO

En el aula Montessori tenemos otra actividad de grupo llamada el Juego del Silencio. La Dra. Montessori creó este juego para que los niños desarrollaran auto-control. La guía empieza el juego colgando una tarjeta con la palabra "Silencio" escrita. Cuando se está jugando este juego, los niños tratan de estar lo más callados posible. No solo tratan de no hablar, sino también cierran sus ojos y permanecen inmóviles para que así no haya ruido alguno en el aula. Después de permanecer en silencio por unos minutos, la maestra empieza a nombrar a cada niño en un susurro. Cuando cada niño escucha su nombre, se pone de pie y se acerca de puntitas a la maestra. Este ejercicio ayuda a los niños a escuchar atentamente y a moverse silenciosamente dentro del salón de clase. La quietud que el niño experimenta durante el Juego del Silencio hace que se percate de sonidos de su medio ambiente que ordinariamente no escucha. Por unos cuantos minutos en el día, los niños están intensamente conscientes de la calidad del silencio.

¿HAY ALGO MÁS EN EL AULA MONTESSORI?

Los materiales descritos en este folleto son los materiales básicos usados en el aula Montessori para niños de 3 a 6 años de edad. Algunos de los ejercicios paralelos que refuerzan estas actividades de aprendizaje no se describen debido a las limitaciones de espacio. Naturalmente, el uso de todos estos materiales depende de la disponibilidad de los mismos en cada escuela en particular.

Aunque el material es similar, no existen dos aulas Montessori exactamente iguales. Cada cual refleja las características individuales de la maestra y de los niños. Algunas maestras usan únicamente los materiales diseñados por la Dra. Montessori. Otras desarrollan sus propios materiales nuevos o adaptan otros materiales educativos al salón de clase Montessori. Si estos nuevos materiales implementan los principios Montessori en el aprendizaje, pueden enriquecer el ambiente del aula, pero no deben tener una mayor importancia que los materiales Montessori.

El trabajo individual con los materiales Montessori es casi siempre suplementado con otras actividades. El canto en grupo, la apreciación de la música, el arte creativo, las labores manuales, el aprendizaje de una segunda lengua, la poesía y los juegos pueden ser todos coordinados dentro del programa Montessori de acuerdo con los intereses y talentos de cada maestra.

EL USO DE LAS TARJETAS DE ARTE

Un ejemplo de material suplementario, en muchas de las aulas Montessori, son las Tarjetas de Arte. Estas permiten al niño familiarizarse con los detalles de la belleza en el arte, a tiempo de refinar su discriminación visual. Esta actividad cultural invita al niño a que tome en sus manos tarjetas tamaño postal con reproducciones de hermosas pinturas, eliminando así las amonestaciones como "no toques" que generalmente acompañan a las primeras experiencias del niño en relación a las obras de arte. El puede aparear pinturas idénticas; aparear dos pinturas diferentes realizadas por un mismo artista; y clasificar un grupo de pinturas formando hileras de cuatro obras de cada artista.

El programa para los pequeñitos

Varias escuelas Montessori han iniciado las clases para los pequeñitos de 18 meses a tres años. La clase para ellos es más simple y sigue un ritmo más lento que la clase para los niños de tres a seis años. Las mesas y las sillas son más pequeñas y la proporción del número de alumnos por maestro es menor.

Sin embargo, este programa no es una versión diluída del programa para niños de tres a seis años, ni tampoco una preparación académica para los subsecuentes años de educación Montessori. El programa para los más pequeñitos ofrece, a los niños de temprana edad, una experiencia única de un año en el que realizan su propio desarrollo en un ambiente tierno de comprensión especial, respeto y apoyo.

Es de fundamental importancia la separación gradual de cada niño de su guardián principal, que es generalmente la madre. El programa Montessori para los pequeñitos protege esta frágil etapa de desarrollo creando una separación muy suave y lenta entre adulto y niño.

Las actividades sensoriales sencillas en el aula responden a la urgencia que tienen los pequeñitos de usar todos sus sentidos—en efecto, todo el cuerpo—para explorar todo lo que les rodea.

El programa para los pequeñitos también tiene en cuenta el periodo sensitivo del niño relacionado al lenguaje y ofrece las acomodaciones apropiadas ofreciendo conceptos creativos e intrigantes para enriquecer sus vocabularios en desarrollo. Actividades como entablar conversaciones, escuchar cuentos, clasificar objetos y aprender canciones y poemas, todo ello alimenta sus habilidades que empiezan a brotar en el lenguaje A fin de ayudarles a allanar el camino en sus interacciones sociales iniciales, los pequeñitos también aprenden a hacer uso de palabras que expresan los sentimientos que experimentan en relación a si mismos y a los demás.

Muchas de las actividades en el programa para los pequeñitos hacen hincapié en las destrezas para ayudarse a si mismos, lo cual les lleva a desarrollar su independencia. En forma suave se urge a los niños a que cuelguen sus propios abrigos y delantales, así como a resolver problemas en vez de decir "No puedo". Ya que ésta es una edad en que la imitación es un medio de aprendizaje muy marcado, las maestras constantemente modelan destrezas sociales adecuadas, buenos modales y consideración por los demás.

A través de la canción, la danza y la libertad para escoger, los pequeñitos tienen acceso a una variedad de actividades en las que desarrollan músculos mayores, ofreciéndoles la oportunidad de brincar, trepar, equilibrarse, gatear o saltar. Estos ejercicios, más las actividades creativas en arte, están disponibles ante los niños para que las escojan. Esta libertad, en un espacio que ofrece seguridad, es crucial en el programa para los pequeñitos. Sin embargo, esta libertad tiene dos límites muy importantes que le serán al niño de gran beneficio en su vida: el respeto hacia los demás y el respeto hacia el medio ambiente.

El programa de primaria

En vista de la proliferación de los programas pre-escolares Montessori, se ha presentado una gran demanda por las clases a nivel primaria, tanto para las edades de seis a nueve, como de nueve a doce. En estas clases, los niños que han completado el programa Montessori para las edades de tres a seis, pueden continuar aprendiendo de acuerdo a su propio ritmo, individualmente o en grupos pequeños. Largos bloques de tiempo fomentan largos lapsos de concentración, sin interrupciones de timbres que indican cambios abruptos entre áreas de aprendizaje.

Comparando al periodo que le precede y al que le sigue, la Dra. Montessori tenía en mente que la segunda etapa de desarrollo, entre las edades de seis y doce, era de gran estabilidad, marcada por un desarrollo sin grandes cambios. Los niños, en esta etapa, demuestran estilos de aprendizaje bastante constantes y un comportamiento emocional relativamente apacible. Durante estos años más serenos, los alumnos tienen la capacidad de llevar a cabo muchísimos trabajos que requieren el uso de la mente. Tal como E.M. Standing lo expresa en su libro *Maria Montessori, su vida y obra:* "Son los 'años de la abundancia;' y si se les da la oportunidad adecuada y los medios adecuados, ellos acumularán una gran reserva de información cultural."

El currículo integrado de las clases Montessori a nivel primaria incentiva a los niños a percibir la relación crítica entre todas las materias y, en efecto, entre todos los aspectos de la vida. Las maestras del nivel de primaria siguen el plan de la Dra. Montessori para una Educación Cósmica— presentando primeramente el universo y luego relacionando todo aprendizaje ulterior al lugar que ocupa en el cosmos. Por ejemplo, la historia del planeta Tierra, que se inicia miles de millones de años atrás, se torna en un hecho real que los alumnos pueden apreciar al trabajar con la magnífica Línea Cronológica, en la cual la era de los seres vivientes es solamente un ínfimo segmento al final de la misma.

El currículo de primaria cubre más allá de las matemáticas, lenguaje, ciencias, historia y geografía que se enseña en las escuelas tradicionales. La instrucción forzada de las materias básicas es remplazada por una variedad de actividades creativas, evitando así el aburrimiento que generalmente provoca en los niños el desinterés o la rebelión.

No hay dos clases de primaria similares. Cada una refleja los intereses y los talentos de la maestra y los alumnos. Sin embargo, en todas estas aulas se encuentra a los niños trabajando cómodamente en las mesas o en el piso, en forma relajada y al mismo tiempo demostrando madurez. En cualquier instancia, se observa una variedad de actividades educativas en proceso porque cada niño trabaja en su propio nivel de interés y habilidad.

En su trabajo individual, los niños aprenden a establecer sus propias metas, administrar su tiempo, organizar sus proyectos y a utilizar una variedad de recursos. Además del uso de materiales Montessori avanzados en matemáticas, gramática y ciencias, ellos leen y dialogan sobre las obras clásicas para niños y se expresan mediante el arte, la música, la dramatización y la poesía. La escritura creativa es una actividad diaria. También se incluyen las lenguas extranjeras, educación física y excursiones a lugares de interés.

Los programas de primaria proporcionan a los niños las destrezas básicas de aprendizaje, les fomentan el autoestima, una apreciación por otras culturas y técnicas para resolver conflictos en forma pacífica—cualidades que les serán muy útiles en cualquier situación de aprendizaje en el futuro.

Usando Montessori en el hogar

La ganancia de la inversión de ustedes, los padres de familia, aumentará si existe una consistencia entre el hogar y el aula de sus hijos. Esto no quiere decir que deben dotar la sala de la casa con materiales Montessori, pero significa el asumir la perspectiva Montessori. Mediante esta perspectiva, sus actitudes, su ritmo, sus expectativas y los límites que establecen en relación a sus hijos, estarán de acuerdo con los principios que Maria Montessori desarrolló para sus maestras. Estos principios provienen de la observación, que efectuó toda su vida, de la naturaleza del niño. A fin de adquirir esta perspectiva, se puede asistir a las sesiones informativas en la escuela de sus hijos y leer libros y artículos relacionados al tema, por ejemplo, *Montessori Insights for Parents of Young Children* de Aline D. Wolf.

¿Qué sucede después de Montessori?

Muchos padres de familia se preguntan cómo sus hijos pueden hacer un traspaso exitoso de la escuela Montessori a la escuela tradicional. ésta es una preocupación muy corriente en cualquier etapa de la educación Montessori, ya sea a la edad de seis, nueve o doce años.

Para facilitar el traspaso, se necesita mantener una buena comunicación entre la escuela Montessori y las escuelas tradicionales de la comunidad. Los padres de familia y las maestras Montessori pueden visitar la escuela tradicional y preparar al niño para enfrentar cualquier diferencia. También se puede animar a las maestras de las escuelas tradicionales a que visiten las clases Montessori para observar el nivel del trabajo académico.

Toda buena maestra sabrá dar encuentro al niño, al nivel de desarrollo de éste último y hará las concesiones necesarias respecto de los progresos ya logrados. Es importante que los padres de familia hagan un seguimiento del trabajo de sus hijos en la nueva situación académica, manteniendo un contacto estrecho con la maestra. El trabajo mancomunado de padres y maestras puede asegurar que el niño continúe el amor por el aprendizaje adquirido en Montessori.

Lo hábitos y habilidades que el niño desarrolla en una clase Montessori le ayudarán en toda la vida. Le ayudarán a trabajar más eficazmente, a observar más cuidadosamente y a concentrarse más efectivamente a donde quiera que vaya. Si se encuentra en un ambiente estimulante, en casa o en la escuela, su auto-educación—que es la única educación verdadera—continuará.